AGÉNOR LE DANGEREUX

VAUDEVILLE EN UN ACTE

PAR MM. LABICHE, DECOURCELLE ET KARL.

Représenté pour la première fois, à Paris, sur le théâtre de la MONTANSIER,
le 16 Septembre 1848.

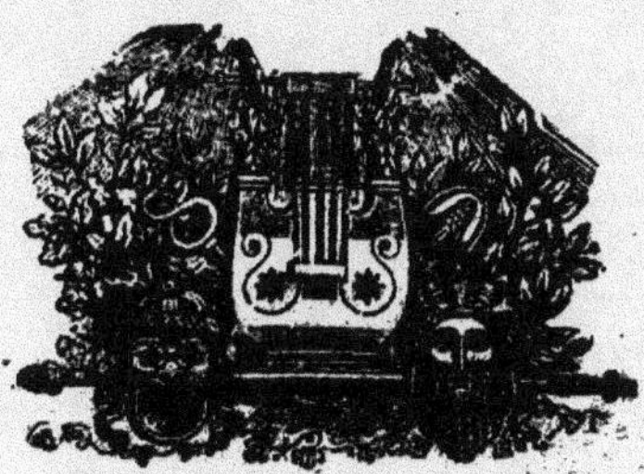

Prix : 50 centimes.

PARIS

BECK, ÉDITEUR

RUE GIT-LE-CŒUR, 12

TRESSE, successeur de J.-N. BARBA, Palais-National.

1848

AGÉNOR LE DANGEREUX

VAUDEVILLE EN UN ACTE,

PAR MM. LABICHE, DECOURCELLE ET KARL.

Représenté pour la première fois, à Paris, sur le théâtre de la MONTANSIER,
le 16 Septembre 1848.

PERSONNAGES.	ACTEURS.
AGÉNOR LABICHE, ...	MM. .....
BÉNÉVENT, ...	.....
CHAPUIS, ...	.....
PIERRE, ...	AUGUSTIN.
MADAME RABY	Mmes GRASSOT.
MADAME BÉNÉVENT	MORAN.

La scène se passe au château de Vaux-Champs, en 1815.

Un salon à la campagne, portes latérales, trois portes au fond donnant sur un jardin.

SCÈNE PREMIÈRE.

BÉNÉVENT, CHAPUIS, MADAME RABY.
(Ils entrent par le fond.)

BÉNÉVENT, à Chapuis.

Monsieur, ma fille, veuve du colonel Raby, un sacripant, heureusement mort au champ d'honneur, consent à vous épouser. En conséquence, moi, Joseph-Timothée Bénévent, propriétaire, je vous autorise à lui faire votre demande... *(A Chapuis.)* Vous pouvez commencer...

CHAPUIS, embarrassé.

Permettez...

MADAME RABY.

Mais, mon père, c'est inutile : depuis un an, M. Chapuis me la fait tous les jours sa demande, par ses soins, ses prévenances.

BÉNÉVENT.

Mais tout cela ne constitue pas une demande régulière... et M. Chapuis, qui est homme d'affaires, te dira que le mariage est un contrat...

MADAME RABY.

Mais à quoi bon toutes ces cérémonies, puisque nous sommes d'accord.

BÉNÉVENT.

Ma fille, on ne saurait jamais trop respecter les usages sociaux... Assieds-toi, mon Chapuis. *(A Chapuis.)* Monsieur, je vous écoute avec bienveillance.

MADAME RABY, à part.

Allons !

M. la. R. B. C.

CHAPUIS, vivant.

Allons ! *(Haut, à Bénévent.)* Monsieur, depuis longtemps j'aspire à l'honneur...

BÉNÉVENT, lui faisant des signes.

Hum! hum !

CHAPUIS, continuant.

D'entrer dans une famille aussi...

BÉNÉVENT.

Vos gants... on met des gants...

MADAME RABY.

Bah ! à la campagne !

CHAPUIS, mettant ses gants.

C'est juste... mille pardons... *(A part.)* Je dois être très ridicule...

BÉNÉVENT.

Continuez.

CHAPUIS.

En un mot, Monsieur, mes espérances les plus chères se trouveront réalisées le jour où vous aurez daigné m'accorder la main de madame Raby, votre fille.

BÉNÉVENT, satisfait.

Eh bien ! voilà !... ce n'est pas si difficile...

MADAME RABY, riant.

Quant à moi, je me trouve parfaitement demandée.

BÉNÉVENT.

A mon tour, Monsieur, depuis longtemps mon cœur de père caressait ce projet d'union... Vous plairait-il des secrets sentiments de mon cœur ?...

BÉNÉVENT.

Et de l'estime profonde qu'elle professe pour votre honorable caractère.

MADAME RABY.

Est-ce fini? (*On se lève.*)

BÉNÉVENT.

Pas encore... Il me reste à présenter ton futur à madame Bénévent.

MADAME RABY.

Ma mère! Elle connaît Monsieur depuis dix ans.

BÉNÉVENT.

Elle le connaît comme homme d'affaires... comme légiste... mais pas comme prétendu, et cette nouvelle face nécessite une seconde petite cérémonie... Chapuis, gardez vos gants.

MADAME RABY.

Nous n'en sortirons pas.

BÉNÉVENT.

Je cours chercher ma femme; je ne sais pas si elle sera levée... sa santé est si délicate depuis l'année dernière... la guerre... l'invasion... c'est extraordinaire comme le Cosaque lui a porté sur les nerfs... Pauvre femme! Chapuis, gardez vos gants.

SCÈNE II.

CHAPUIS, MADAME RABY.

MADAME RABY.

Pauvre père!.. c'est bien l'homme! plus formaliste!... Maintenant, Monsieur, que nous sommes seuls, j'ose solliciter de vous un entretien sérieux...

CHAPUIS, *souriant.*

Sérieux?..

MADAME RABY.

Avant d'accepter votre nom, je me dois à moi-même de vous faire l'aveu d'une faute.

CHAPUIS.

Parlez... vous êtes acquittée d'avance.

MADAME RABY.

Monsieur, j'ai eu dans ma vie une aventure...

CHAPUIS.

Hein?..

MADAME RABY.

Une aventure galante...

CHAPUIS.

Comment, Madame!.. Et c'est à moi...

MADAME RABY.

C'était un soir... pendant le carnaval... (*S'interrompant.*) Ah! voilà que vous froncez le sourcil...

CHAPUIS.

Eh! Madame... vous n'espérez pas me faire écouter avec allégresse...

MADAME RABY, *jouant l'étonnement.*

On dirait que mon historiette vous contrarie...

Alors, plus tard... quand nous serons mariés..

CHAPUIS.

Il sera bien temps !... Voyons, Madame, continuez.

MADAME RABY.

C'était donc un soir, pendant le carnaval... J'avais eu l'imprudence de me rendre seule, et vêtue d'un domino bleu, à un bal masqué...

CHAPUIS, *vivement.*

Ah !... à l'Opéra?...

MADAME RABY, *étonnée.*

Comment savez-vous?

CHAPUIS.

Je le présume. (*Raillant.*) Domino bleu donc.

MADAME RABY.

J'étais allée à ce bal... pour épier les démarches de mon mari... Quelques bons amis... vous étiez du nombre, je crois... avaient pris soin de m'instruire de ses écarts, et...

CHAPUIS.

Vous étiez jalouse...

MADAME RABY.

J'étais si jeune... À peine entrée dans le foyer, je me vis accostée par un masque dont une barbe grise cachait entièrement le visage. Il commença la conversation par cette monnaie courante des bals masqués... Je te connais... Je suis ici pour toi... et mille autres sottises...

CHAPUIS.

C'était un mauvais plaisant...

MADAME RABY.

Non, Monsieur, c'était un brutal!... Car cet homme m'avait reconnue, et profitant de mon imprudence, il me fit entendre des propos... des menaces... « Votre mari, me dit-il, ignore que vous êtes ici... d'un mot, je puis vous perdre, d'un mot vous pouvez me fermer la bouche. » L'indignation me donna des forces... me débarrasse de son étreinte... et, folle de colère... de peur... Je fus me cramponner à l'habit d'un monsieur... un digne homme!... qui se promenait tranquillement... sous un nez de carton... « Protégez-moi, lui dis-je, appelez-moi votre femme ou je suis perdue!... »

CHAPUIS.

Et vous ne connaissiez pas ce nouveau protecteur?

MADAME RABY.

Nullement... ma brusque proposition l'étonna d'abord... mais devinant sans doute mon embarras, il m'offrit bravement son bras et me fit traverser la foule en me prodiguant les appellations les plus conjugales... « Viens, Bichon !... Par ici, Bichette... prends garde, Bichon !... »

CHAPUIS, *riant.*

Ah! ah! le singulier personnage!...

MADAME RABY.

Oh! ne riez pas!... c'était un bien honnête

homme... très réservé... qui, sans m'adresser une question... me fit avancer une voiture, me salua et me sauva...

CHAPUIS.
Et depuis, rien ne put vous faire soupçonner le nom de ce moine?

MADAME BABY.
Jamais je n'entendis parler de lui... pas plus que de mon sauveur mystérieux.

CHAPUIS.
Oh! celui-là serait peut-être plus facile à découvrir.

MADAME BABY, le regardant.
Le connaîtriez-vous?... Attendez donc... Oui.. la même taille...

CHAPUIS, à lui.
Vraiment?

MADAME BABY.
Vous!... Et ne pas m'en parler!... Oh! ce serait bien... très bien... Tenez, ne me le dites pas... je crois que je vous aimerais!...

CHAPUIS.
Je ne m'y oppose pas...

MADAME BABY.
Mais je ne voudrais plus vous épouser...

CHAPUIS.
Comment?...

MADAME BABY.
Je vous l'ai dit, mon [illegible]... mais m'a inspiré l'horreur des mariages [illegible]... ce que je cherche en vous, c'est un homme [illegible] honnête... c'est un ami... Que voulez-vous, le ménage, je considère [illegible] comme une maladie...

CHAPUIS.
Oh! si douce... d'ailleurs le temps est un grand médecin.

MADAME BABY.
Air: Je sais attacher [illegible].
Oui, le temps [illegible]
De l'espérance [illegible]
Plus pressé que [illegible]
Tôt ou tard [illegible].

CHAPUIS.
Souvent, [illegible]
Le temps [illegible].

MADAME BABY.
Le temps, [illegible] les [illegible]
N'y sont-ils [illegible] quelque chose?
Quoi qu'on [illegible]
Y sont souvent [illegible] quelque chose.

CHAPUIS.
Vous êtes impitoyable.

<hr>

SCÈNE III.
LES MÊMES, BÉNÉVENT, MADAME BÉNÉVENT
[illegible]

BÉNÉVENT, [illegible] sa femme.
Viens, Galathée... c'est pour [illegible]

[illegible]
C. B., madame B., [illegible].

souhaité [illegible]. (À Chapuis.) Vous avez [illegible]?

MADAME BÉNÉVENT.
Qu'est-il arrivé?... Vous m'effrayez...

BÉNÉVENT, prenant Chapuis par la main et le présentant cérémonieusement à sa femme.
Madame... permettez que je vous présente M. Joachim Chapuis, avoué près la cour d'appel de Paris et mon futur gendre en instance...

MADAME BÉNÉVENT.
Ah! c'est pour ça?... Que le bon Dieu vous bénisse!

BÉNÉVENT.
Est-ce que j'ai donné?

MADAME BÉNÉVENT, à Chapuis.
Vous voulez épouser ma fille? elle consent, je consens, Bénévent consent... C'est une affaire [illegible].

[illegible], à part.
S'il est possible [illegible], sans les usages..

MADAME BÉNÉVENT.
Quant à la dot...

CHAPUIS.
Ah! oui, la dot?...

MADAME BÉNÉVENT.
Vous la toucherez [illegible] nous aurons vendu cette vieille baraque que [illegible] Vaux-Champs, dont la propriété [illegible] entre ma fille et moi.

CHAPUIS.
J'en ai moi-même entendu la vente dans les Petites [illegible].

BÉNÉVENT.
Eh bien! moi, je [illegible] séparera à regret de cet [illegible]. J'ai soigné [illegible] espaliers... là-dessus [illegible]!

MADAME BÉNÉVENT.
Et comme ils vous [illegible] les Cosaques.

BÉNÉVENT.
Les Cosaques [illegible]!... Ils ne l'ont pas [illegible].

MADAME BÉNÉVENT.
Que m'importaient les Cosaques?

BÉNÉVENT.
Hein!

MADAME BÉNÉVENT.
Tenez, Bénévent... au nom de notre lien, ne [illegible]!

[illegible]
[illegible], je n'estime le [illegible] que [illegible].

<hr>

SCÈNE IV.
LES MÊMES, PIERRE.
PIERRE.
Monsieur, il y a là une femme qui demande à parler à madame Baby.

[illegible] MADAME B.

MADAME RABY.

A moi?

PIERRE.

Oui, Madame, avec un sac...

BÉNÉVENT.

D'argent?

PIERRE.

Oh! non!... un grand sac, **qui grogne?**...

BÉNÉVENT.

Un sac qui grogne?...

PIERRE.

Il lui a dit : Tais-toi, Oscar!

BÉNÉVENT.

Qui ça?

PIERRE.

Eh bien! le voyageur... voici sa carte.

BÉNÉVENT, *lisant.*

Agénor Borel, chimiste... je ne connais pas

MADAME RABY ET MADAME BÉNÉVENT.

Ni moi.

CHAPUIS.

Borel... attendez donc... j'y suis! je ne le connais que de réputation, mais c'est une espèce de
don Juan... de Lovelace qui fait métier de s'intro-
duire dans les familles pour y porter le trouble et
le déshonneur...

MADAME BÉNÉVENT.

Pristi!

CHAPUIS.

Eh! parbleu! son nom a fait assez de bruit l'an
dernier, c'est lui qui a tué en duel le colonel Renaud après lui avoir enlevé sa femme.

BÉNÉVENT.

Ça suffit!... je vais le faire jeter à la porte.

PIERRE, *qui est remonté.*

Le voici... (*Il sort.*)

MADAME BÉNÉVENT, *à madame Raby.*

Ma fille, jouons serré.

SCÈNE V.

LES MÊMES, AGÉNOR BOREL.

AGÉNOR, *parlant à la cantonade.*

Merci, mon garçon... Ah! je vous recommande
Oscar... c'est un ami.

BÉNÉVENT, *à Chapuis.*

Oscar... son complice.

AGÉNOR, *regardant en l'air.*

Ça me paraît solidement construit... Oh! des
dames! (*Saluant.*) Je vous demande mille pardons
de me présenter avec cette tenue de voyage.

MADAME BÉNÉVENT, *[illegible].*

C'est un bel homme!

AGÉNOR.

Mais quand on descend... [illegible] (à madame Bénévent.) [illegible], Madame, qu[illegible]

C. B. A. madame [illegible]

n'ai pas fermé l'œil de la nuit... J'avais près de
moi, dans le coupé, une petite...

BÉNÉVENT.

Monsieur!

CHAPUIS.

Monsieur!

AGÉNOR, *continuant.*

Une petite glace cassée qui m'a fort... (*Il éter-
nue.*) Atchum!

MADAME RABY, *bas à sa mère.*

Il n'a toujours pas l'extérieur d'un Lovelace...

MADAME BÉNÉVENT, *de même.*

Parce qu'il est enrhumé... mais c'est un bel
homme.

BÉNÉVENT.

Puis-je savoir, Monsieur, ce qui nous procure
l'honneur...

AGÉNOR.

Madame veuve Raby, s'il vous plaît?

BÉNÉVENT.

C'est moi, Monsieur.

AGÉNOR, *à Bénévent.*

Eh quoi! vous auriez perdu M. [illegible]?

BÉNÉVENT.

C'est moi... c'est ma fille... Après?

AGÉNOR.

Eh bien! je voudrais dire deux mots en parti-
culier à madame votre fille.

BÉNÉVENT.

N'espérez pas qu'elle vous entende.

AGÉNOR.

Elle est sourde?

MADAME RABY.

Non, Monsieur, grâce au ciel!

AGÉNOR, *la saluant.*

Ah! mille pardons!... je ne savais pas... Madame; je suis chimiste... et de plus abonné aux
Petites-Affiches. Vous avez fait annoncer la vente
de votre immeuble, et je viens...

MADAME RABY, *riant.*

Ah! c'est fort adroit! (*Elle remonte.*)

BÉNÉVENT, *à Agénor.*

Mauvais! (*Il remonte.*)

MADAME BÉNÉVENT.

On voit le fil! (*Elle remonte.*)

AGÉNOR, *à part.*

Qu'est-ce qu'ils ont donc? (*À madame Raby.*)
Et je viens pour traiter avec vous?...

CHAPUIS, *feint.*

Il y tient!... Ah! ah! ah!

AGÉNOR, *à part.*

Celui-là aussi... [illegible]
[illegible]

BÉNÉVENT.

Arrêtez, Monsieur!

[illegible]

Il a [illegible]

[illegible]

BÉNÉVENT.

Monsieur, peut-on sans indiscrétion vous demander des nouvelles de ce brave Renaud? la
veuve du colonel?

AGÉNOR.

Oh! pauvre colonel!... Vous savez... (Il fait
mine de donner un coup d'épée.) C'est un sot, je
puis le dire... qui m'a donné bien du tintouin!

BÉNÉVENT, récolté.

Du tintouin !

MADAME BABY, à part.

Allons, c'est à lui!

AGÉNOR, à madame Baby.

Madame, je suis à vos ordres... Et quand vous
aurez un instant...

MADAME BABY, sévèrement.

C'est mon père, Monsieur, qui a la bonté de
gérer mes affaires... et c'est avec lui...

AGÉNOR.

Ah !

MADAME BÉNÉVENT.

Avec lui seul, Monsieur!... Nous vous lais-
sons.

BÉNÉVENT, à Agénor.

Avec moi seul, Monsieur. Dans la minute, je
suis à vous, Monsieur!

CHŒUR.

Air de la Sirène

AGÉNOR.
Je ris de ce tintouin,
Que prend-il de ce temps
Et je suis content,
....

....
Et de cette aventure
....
Il rest..........
Qu'on se..........

Ils sortent et vont le fond, sauf Agénor.

SCÈNE VI.

AGÉNOR, puis BÉNÉVENT.

AGÉNOR, seul.

Voilà de plaisants propriétaires. Faut-être
d'abord la distribution intérieure... Nous une
pièce fort convenable... Est-ce assez joué ?... Il
se promène en comptant les pas dans la longueur.
Un, deux, trois, quatre...

....

....

....

....

AGÉNOR.

Sept mètres... de large sur ?... (Il fait jeu dans
l'autre sens.) Un, deux, trois...

BÉNÉVENT.

Monsieur...

AGÉNOR.

Cinq!... banco... et neuf!... (A Bénévent.) Sept
sur neuf... ça allait...

BÉNÉVENT.

Pour quoi faire ?

AGÉNOR.

Eh bien! rien pour...

BÉNÉVENT.

Toute feinte est inutile... J'ai un nez, Monsieur, j'ai un nez...

AGÉNOR.

Ah!.. Je suis loin de vouloir vous contester...
ce cartilage! Ah çà! et nous parlions de notre
affaire? (Tirant son extrait.) Nous disons que la
contenance de cet immeuble...

BÉNÉVENT.

Monsieur, la propriété est en vente... Je n'ai
pas le droit de vous refuser les renseignements...
mais je vous jure... Vienne que vous crachez dans l'eau!

AGÉNOR.

Monsieur, je crache!... Ah çà! si nous parlions de
notre affaire?... Nous disons que la contenance?..

BÉNÉVENT.

Cent soixante et un hectares.

AGÉNOR, écrivant.

Combien de primes?

BÉNÉVENT, se récriant.

Ah! Monsieur est dans l'intention de faire de
l'agriculture ?

AGÉNOR, à part.

Cachons-lui mes projets. (Haut.) Oui, je désire
labourer un peu la terre. Combien de prix...?

BÉNÉVENT.

Entre nous... qu'est-ce que ça vous fait ?

AGÉNOR.

Comment? ce que ça me fait?.. J'arrive de Paris, j'ai fait soixante lieues pour...

BÉNÉVENT.

Je sais pourquoi... (Se posant.) Voici ma ré-
ponse : Monsieur, c'est une vie rangée, morale,
patriarcale, que nous menons ici... nous nous
couchons à neuf heures, Monsieur.

AGÉNOR.

Ah! je regrette qu'il ne soit pas neuf heures un
quart.

BÉNÉVENT.

Je suis ta nature et, je vous et vous me permettez de ne pas vous retenir plus longtemps...

AGÉNOR.

Qu'à cela ne tienne... adieu! Je vous demande
.... vous répondez : Je me
....

BÉNÉVENT.

Non. L'immeuble appartient moitié à madame
Raby...

AGÉNOR.

Très bien !... Je [demande] madame Raby.

BÉNÉVENT.

C'est ma fille, Monsieur.

AGÉNOR.

Puisse-t-elle avoir [été gâtée] par sa mère !

BÉNÉVENT.

L'autre moitié est [dans] le patrimoine de Galathée.

AGÉNOR.

Alors je demande Gal[athée].

BÉNÉVENT.

C'est ma [femme], [Monsieur].

AGÉNOR.

Puisse-t-elle avoir [été gâtée] par sa fille ! Monsieur, je vous [déclare que] [je ne sors] pas d'ici
avant d'avoir [pris] [...]

BÉNÉVENT.

Eh bien ! soit, Monsieur, [puisqu'il] n'y a pas
moyen de faire [autrement]... [Je vais] chercher ma
femme et ma [fille] [...] [dis] [...] j'as-
sisterai à cette [...].

[...]

Cela d'[...] [...], [...] [très morne] !
Casanova !

[...]

Casa...

[BÉNÉVENT, prêt à sortir.]

Nova ! (Il sort [...].)

[SCÈNE VII.]

[...]

Voici bien [...] [...] [...] Vous [n'êtes pas sortie]
ton chev[al], [...] [...] C'est
que cela [...] [...] [...]
rapporté aux [...] de [...] Cha-
pouth... [...] [...] (Au pu-
blic.) Qu'est-ce [...] [...]
[...] [antiqui]té... [...] [...] les
vieux de la [vieille]... [...] un [...]
c'est-à-dire que [...] mille ans [...] les
geons des petits [...] [...]
ça me paraît clair ! [...] [...]
tion : [la] [...] [...] [...]
veut douze [francs] la [...] (Ce [...]) [...]
pas très scientifi[que], [...]
Aussi, ce conseil le [...] [...] [...]
distingué... que je [...] [...]
[bon] a trouvé le moyen de [...]
produire ce [...] [...] [...]
[...] [...] [...]
[...] [...]

currence à la pomme de terre... qui fait sa tête !
Le joint était de se procurer une terre propice à
ce genre de culture... Ce fut un Cosaque qui me
l'indiqua, le major Crapoth... un gentilhomme
[tatare] qui [répandait] [autour de] lui un parfum...
de [haut] [Tornitz] [...] cinq mois : ce
[dernier] [...] [...] [chandelles] !... Nous
[...] [...] [...] au [grincement] ! Un jour, en
revenant de la [...], il [dirigeait] sur Vaux-
Champs [en] [troupe] [...] comment dirai-je ?..
de S[ain]t [Mandonil]... tout à coup, au milieu
d'un [...] [...] [voisinages], ses administrés
[...] [...] [tout] [...] [...]. Le major se [laisse],
[...] [...] [...]. Le corps d's officiers
[...] [...] [...] qu'il [...] [...] favorable
[...] [...] à [...]... très bien, car le soir,
lorsqu'il [...] [...] dans ce château, il paraît
qu'il [s'y] passa des [...]... truffées ! Cette
[anecdote], [...] [haut] et [moitié] cosaque ! me fit
[remonter] aux *Petites-Affiches*... j'apprends la
vente du petit bois de châtaigniers... je pars...
avec Oscar, mon [associé]... une [raison] sociale...
[remuée] de [saint] Antoine et [compagnie]... Ah
çà ! maintenant que je suis arrivé, il s'agit de
[prendre] des [informations] sur la nature du sol...

PIERRE, *dans le fond, à la cantonade.*

Oui, Monsieur, ça suffit.

AGÉNOR.

Un domestique ! si je pouvais... (*Appelant.*) Eh!
l'ami !... un mot.

SCÈNE VIII.

AGÉNOR, PIERRE.

PIERRE, *entrant.*

Monsieur veut quelque chose ?

AGÉNOR.

Oui. (*À part.*) Il s'agit de s'y prendre adroite-
ment... (*Haut.*) Mon ami, je voulais te demander... l'heure.

PIERRE.

Tout de suite... je vais voir à la pendule du
salon. (*Fausse sortie.*)

AGÉNOR.

Non... reste ; je vais te demander autre chose...
Voyons, voyons... c'est [bien] ce que je vais te demander ?... Ah ! [...] comment te nomme-tu ?

PIERRE.

Moi, Monsieur, je m'appelle Pierre.

AGÉNOR.

[...] [...] [...] ? [...] [d'ailleurs] [...] s'ap-
[pelle] [...]

[PIERRE.]

[Oui], [Monsieur] [...] [d'ailleurs]... *Fausse*
[sortie].

[AGÉNOR.]

[...] [...] [...]

PIERRE.

Oh! Monsieur!...

AGÉNOR.

Tu seras... discret... (À part.) Non, je ne dois pas [illegible] ... sur.

PIERRE.

Eh bien! Monsieur...

AGÉNOR.

Eh bien! mais tu me parais jouir d'une belle [illegible]... toi... le! [illegible], qu'est-ce que tu fais ici?

PIERRE.

Je suis jardinier.

AGÉNOR, à part.

Jardinier!.. (Il [illegible] mystérieusement.) Personne ne peut [illegible] ici...

PIERRE.

Personne.

AGÉNOR, mystérieusement.

Jardinier, quand tu bêches la terre... qu'est-ce que tu trouves?

PIERRE, [illegible].

Je trouve de la terre, donc!

AGÉNOR.

Chut!.. je ne te parle pas du sol... c'est le sous-sol, c'est l'entresol qui m'intéresse...

PIERRE, riant.

L'entresol! oh! oh! oh!

AGÉNOR.

Jardinier, quand tu bêches la terre, qu'est-ce que tu trouves?

PIERRE.

Des z'hannetons.

AGÉNOR.

Ensuite?

PIERRE.

Dame! je trouve des mulots... des taupes...

AGÉNOR.

Voila tout?

PIERRE.

Ah! et puis des machines rondes et noires...

AGÉNOR.

Juste!

PIERRE.

Comme des cailloux.

AGÉNOR.

L'opinion de Pline.

PIERRE.

Pline!

AGÉNOR.

Ne cherche pas à comprendre... Dis-moi, as-tu mangé de ces... cailloux?

PIERRE.

[illegible]... [illegible] je [illegible] vouliez en couper [illegible]... dessous.

AGÉNOR.

[illegible]

PIERRE.

Ah ben oui!.. Ils se retournent...

AGÉNOR.

Eh bien! c'est de l'instinct.

PIERRE.

Monsieur n'a plus rien a me dire?

AGÉNOR.

Si... mystère et discrétion.

MADAME BÉNÉVENT, paraissant au fond.

Il chuchotte avec le jardinier.

AGÉNOR, remettant une pièce d'or à Pierre.

Tiens!

PIERRE.

De l'or!

MADAME BÉNÉVENT, à part.

Ah! le serpent!.. Courons avertir M. Béné-vent. (Elle disparaît.)

AGÉNOR.

C'est pour aller me retenir une place de coupé pour Paris.

PIERRE.

Comment!..

AGÉNOR.

C'est vingt francs d'arrhes... va.

PIERRE.

Dites donc, Monsieur... ne m'oubliez pas.

AGÉNOR.

Ah! ah!.. *Vergeiss mein nicht?*

PIERRE.

Qu'est-ce que c'est que ça?

AGÉNOR.

C'est une petite fleur bleue qui veut dire: Donnez-moi vingt sous... Les voici.

PIERRE.

Ah ben! je la cultiverai, cette fleur-là... (Il sort par le fond.)

SCÈNE XI.

AGÉNOR, puis BÉNÉVENT, MADAME BÉNÉVENT, MADAME RABY[1].

AGÉNOR, seul.

Je sais ce que je voulais savoir... c'est décidé, j'achète l'immeuble. Dans ce vieux château, j'installe mes [illegible], mes [illegible]... et avant un an ma fortune est faite. (Bénévent paraît à gauche avec les deux dames.)

BÉNÉVENT.

Monsieur, vous avez [illegible] à parler à ces dames, les voici... et selon [illegible] conventions... me voilà.

[illegible].

Mesdames, si vous le permettez, nous allons entamer tout de suite la négociation.

BÉNÉVENT, bas à sa femme et à sa fille.

N'ouvrez pas la bouche... c'est moi qui répondrai.

[1] [illegible]

AGÉNOR, *à part.*

Il s'agit d'être insinuant et complimenteur. *(Il approche une chaise pour madame Baby, une autre pour madame Bénévent et une troisième pour lui. Bénévent apporte aussi la sienne et ils se trouvent tous les quatre de front au milieu de la scène.)*

AGÉNOR.

Premièrement, Mesdames, permettez-moi de bénir les *Petites-Affiches* qui me procurent une aussi charmante entrevue.

BÉNÉVENT, *sèchement.*

On vous remercie.

AGÉNOR, *à part.*

Cette dinègue m'agace. *(À madame Baby.)* Madame!

BÉNÉVENT.

Je demande la parole.

AGÉNOR.

Allons, bon!

BÉNÉVENT, *se levant.*

Je demande la parole pour poser un principe... Monsieur, avant de passer à la discussion des articles, je dois vous prévenir que la propriété n'est plus à vendre.

AGÉNOR.

Hein?

BÉNÉVENT, *s'asseyant.*

Continuez...

AGÉNOR.

Comment! continuez...

BÉNÉVENT.

Je retire l'écriteau, Monsieur, je retire l'écriteau!

AGÉNOR, *se levant.*

Comment!... alors ce n'était pas la peine de nous faire asseoir...

BÉNÉVENT.

Et maintenant, Monsieur, allez porter ailleurs le trouble et le désordre... allez corrompre les domestiques...

AGÉNOR.

Moi?

MADAME BÉNÉVENT.

Oui!... toi!...

BÉNÉVENT.

Tout à l'heure vous avez donné de l'or à mon jardinier?

AGÉNOR.

Ah! oui...

BÉNÉVENT.

Dans quel but?

AGÉNOR.

Dans le but de me retenir une place en coupé.

BÉNÉVENT.

Ce n'est pas vrai!

AGÉNOR.

Monsieur!

BÉNÉVENT

Un duel!... soit!

MADAME BABY

Mon père!..

BÉNÉVENT.

Je le refuse!

AGÉNOR.

Moi, aussi!

MADAME BÉNÉVENT.

Spadassin*!

<hr>

SCÈNE X.

LES MÊMES, PIERRE.

PIERRE, *à Agénor, au fond.*

Monsieur, dépêchez-vous... la diligence va partir... Vous avez une place...

AGÉNOR.

Très bien... ça m'arrange *(Il met son paletot, au fond.*)*

BÉNÉVENT.

Une place!...

TOUS.

C'était donc vrai?

BÉNÉVENT, *à part.*

Ah! mais, puisqu'il voulait partir, ça change la thèse.

AGÉNOR, *qui a mis son paletot.*

Allons, c'est une affaire manquée... serviteur.

BÉNÉVENT.

Un instant!... Monsieur, il est évident qu'il y a eu méprise... je vous en demande pardon... je remets l'écriteau... Et si vous êtes toujours dans les mêmes intentions...

AGÉNOR, *faisant mine d'ôter son paletot.*

Comment! si j'y suis... *(Le remettant.)* C'est-à-dire... un instant!... Vous êtes un farceur... une fois que la diligence sera partie, je vous connais... vous retirerez encore l'écriteau... entendons-nous bien. Voulez-vous vendre, oui ou non?

BÉNÉVENT.

Oui, Monsieur

AGÉNOR*.

Pardon!... et ces dames...

MADAME BABY ET MADAME BÉNÉVENT.

Oui, Monsieur.

AGÉNOR, *à Bénévent.*

Maintenant, combien?

BÉNÉVENT.

Deux cent mille francs.

AGÉNOR, *à part, avec joie*.

Deux cents... C'est pour rien... *(Haut.)* C'est dit, j'accepte. *(Ôtant son paletot.)*

BÉNÉVENT.

Vous resterez avec nous; je vais vous faire préparer une chambre...

<hr>

* Madame B. B., madame B. A.
** Madame B. B., madame B. A.
*** [illegible] B.
**** [illegible] madame B.

MADAME BÉNÉVENT.
Ah! ... quand vous verrez ... M. Oscar...

AGÉNOR.
Je vous remercie pour lui... Oscar couche sur la dure.

MADAME BABY.
C'est un ancien militaire...

BÉNÉVENT.
Un vieux [illegible]!?

AGÉNOR.
Oui, il rogne assez.

MADAME BÉNÉVENT.
Après le dîner, nous faisons un boston.

AGÉNOR.
Merci... je n'ai pas de chance aux cartes, et je perds tous... Et encore les Gottes de leur ... paient comptant... ça m'enrhumerait !

MADAME BABY.
Si Monsieur désire visiter la propriété...

AGÉNOR.
Merci, Madame... Pierre va m'accompagner.

PIERRE.
Volontiers.

CHOEUR. ENSEMBLE.

AGÉNOR.
Ah! pour moi la bonne affaire!
Tout s'arrange pour le mieux;
Me voilà propriétaire
De ce terrain merveilleux.

MADAME BABY, M. ET MADAME BÉNÉVENT.
Ah! pour nous la bonne affaire!
De ce domaine ... joyeux
... de propriétaire;
Tout s'arrange pour le mieux.

(Agénor sort par le fond avec Pierre.)

~~~~~~

SCÈNE XI.

BÉNÉVENT, MADAME BÉNÉVENT, MADAME RABY, CHAPUIS.

MADAME BÉNÉVENT.
Enfin !... la ... est vendue !

MADAME BABY.
Ce n'est pas malheureux !

BÉNÉVENT.
C'est égal; je regrette mes espaliers... Mais, deux cent mille francs ... doit passer par-dessus bien des ... !

CHAPUIS *entre vivement, un journal à la main, des papiers...*
...

[illegible]
Voulez-vous ... !

[illegible]
Qu'est donc?

CHAPUIS.
Avez-vous jamais ... ?

BÉNÉVENT.
[illegible]

CHAPUIS.
[illegible] mes clients, le ... de l'Opéra, une lettre de change protestée et signée Borel.

BÉNÉVENT.
Qu'est-ce que cela prouve?

CHAPUIS.
Cela prouve que, si ce monsieur se laisse poursuivre pour une dette de deux cents francs, il ne peut songer sérieusement à acheter un château de deux cent mille.

BÉNÉVENT.
C'est juste.

MADAME BÉNÉVENT.
Ou c'est un escroc.

CHAPUIS.
Le billet est signé A. Borel.

MADAME BABY.
Agénor Borel...

MADAME BÉNÉVENT.
C'est bien ça.

BÉNÉVENT, *regardant le billet.*
10, rue Richelieu...

MADAME BÉNÉVENT.
Richelieu! le poisson!

MADAME BABY.
Avec cette adresse il nous sera facile de savoir...

CHAPUIS.
Excellente idée !.. moi, je vais répandre qu'on le poursuive à outrance.

BÉNÉVENT.
J'aperçois Borel ; allez, allez.

CHAPUIS, *sortant à droite.*
Du calme au moins,

BÉNÉVENT.
Je serai solennel ! *(Chapuis sort par la gauche.)*

~~~~~~

SCÈNE XII.

BÉNÉVENT, MADAME BÉNÉVENT, MADAME RABY, AGÉNOR.

AGÉNOR, *à la cantonade.*
C'est bien... après la pluie nous continuerons. *(Les apercevant.)* Mes chers hôtes !.. enchanté... votre propriété me plaît... *(À part, montant ... une truffe.)* Oscar en a exhumé une !..

BÉNÉVENT.
Un instant! Peut-on savoir sans indiscrétion, où demeure M. A. Borel?

AGÉNOR.
10, rue Richelieu.

MADAME BÉNÉVENT, *à part.*
Borel!

MADAME BABY, *à part.*
Plus moyen de douter.

BÉNÉVENT.
C'est-à-dire... Pardon, vous comprenez qu'en ...

[illegible]

AGÉNOR.

Pourquoi donc ça?

BÉNÉVENT.

Rue Richelieu?

MADAME BÉNÉVENT.

N° 10.

AGÉNOR.

Comment, parce que je demeure... qu'à cela ne tienne... je déménagerai.

BÉNÉVENT.

Je retire l'écriteau, Monsieur, je retire l'écriteau !

MADAME BÉNÉVENT.

Nous retirons l'écriteau !

AGÉNOR.

Encore !.. Ah! voilà un écriteau qui doit être fatigué le soir !

BÉNÉVENT, *lui remettant son paletot.*

Voici votre pardessus...

AGÉNOR.

Comment! vous me renvoyez!

MADAME BÉNÉVENT.

Chaudement!

AGÉNOR, *se jetant dans un fauteuil.*

Quelle heure est-il?

BÉNÉVENT.

Sept heures.

AGÉNOR.

Quel temps fait-il ?

BÉNÉVENT.

Il pleut.

AGÉNOR.

Merci! (*Se renversant dans le fauteuil.*) Bien le bonsoir !

MADAME RABY.

Au fait... nous l'avons retenu... c'est notre faute. (*Elle remonte avec Bénévent.*

MADAME BÉNÉVENT.

Oh ! je vais lui parler, moi... (*A Agénor.*) Monsieur, votre conduite est celle d'un je ne sais qui... et...

AGÉNOR, *se levant.*

D'un je ne sais qui !.. Madame, vous serait-il égal d'aller grincer plus loin [*] !

MADAME BÉNÉVENT.

Grincer !

AGÉNOR.

Ah ! si j'étais un Cosaque... si j'exhalais les parfums d'un major Crapouth... je comprendrais....

MADAME BÉNÉVENT, *bas.*

Le major !.. Vous connaissez le major ?

AGÉNOR.

Je l'ai flairé cinq mois... Eh ! mais parbleu !... il a passé par ici... il m'a même conté une aventure...

MADAME BÉNÉVENT, *bas et vivement.*

Silence, Monsieur, silence !

[*] Madame B. A. B., madame R

AGÉNOR.

Hein?

MADAME BÉNÉVENT, *bas à Agénor.*

Vous resterez.

BÉNÉVENT.

Cependant, Monsieur, vous êtes impatiemment attendu à Paris.

AGÉNOR.

Par qui ?

BÉNÉVENT, *avec intention.*

Par le glacier des bals de l'Opéra...

AGÉNOR.

Les bals de l'Opéra !... connais pas... je n'y suis allé qu'une fois... il y a deux ans... J'y ai même rencontré un petit domino bleu'...

MADAME RABY, *à part.*

Hein ?

AGÉNOR.

Il faut vous dire qu'un moine...

MADAME RABY.

Un moine !..

AGÉNOR.

Un moine à barbe grise...

MADAME RABY, *à part.*

Serait-ce lui? (*Bas à Agénor.*) Il faut que je vous parle.

AGÉNOR.

Ah !

MADAME BÉNÉVENT, *bas à Agénor.*

Il faut que je vous parle.

AGÉNOR, *à part.*

Aussi...

BÉNÉVENT, *à part.*

Galathée vient de lui parler bas... ça me chiffonne.

CHŒUR.

Air du *Pré aux Clercs.*

MADAME RABY ET MADAME BÉNÉVENT.

(*L'une à droite d'Agénor, l'autre à sa gauche.*)

MADAME RABY.

Je reviens !...

MADAME BÉNÉVENT.

Je reviens !...

MADAME RABY.

Jusques-là, du silence !
Taisez-vous !

MADAME BÉNÉVENT.

Taisez-vous!...

BÉNÉVENT, *à part.*

Que lui dit-elle ainsi?
Je trémis !

AGÉNOR.

Il me reste encore une espérance...

ENSEMBLE.

Pour savoir le fin mot, je vais attendre ici !

B., madame B., madame R.

LES AUTRES.

Je saurai le fin mot en revenant ici!

(Bénévent et sa femme sortent par le fond, madame Reboy par la droite.)

SCÈNE XIII.

AGÉNOR, *puis* **MADAME BÉNÉVENT,** *puis* **M. BÉNÉVENT,** *caché.*

AGÉNOR, *seul.*

Les deux propriétaires sont revenus... c'est pour rentrer. *(Madame Bénévent paroît à gauche.)* La moins jeune... son mari sortie...

MADAME BÉNÉVENT.

Vous trouverez sans doute ma démarche bien légère... mais vous connaîtrez le motif qui me ramène.

AGÉNOR.

Je m'en doute.

MADAME BÉNÉVENT.

Monsieur, vous avez devant vous une femme qui vient vous demander...

AGÉNOR.

Un pot de vin?

MADAME BÉNÉVENT.

Non, Monsieur... l'honneur!

AGÉNOR, *donnant.*

L'honneur!.. Ah! donnez-vous donc la peine de vous asseoir!

MADAME BÉNÉVENT.

C'est à l'ami du major Crapouth que je vais raconter mes malheurs.

AGÉNOR.

Il est tard...

MADAME BÉNÉVENT.

Ah! ce fut une drôle de nuit que la nuit du 14 janvier dernier!

AGÉNOR.

Ah! je n'y étais pas.

MADAME BÉNÉVENT.

L'armée avait pris possession dans la plaine de Vaux-Champs; le troisième bataillon de la vingt-deuxième d'infanterie légère... partie à droite, tête en colonne!

AGÉNOR.

Belle manœuvre! *(troublant.)* C'est de l'école de peloton.

MADAME BÉNÉVENT.

Air : [illegible]

> J'[illegible]
> J'[illegible]
> Je [illegible]
> Pour [illegible]
> Lorsqu[illegible]
> La brun[illegible]
> J'étais [illegible]

(À la lettre.)

Sans défenseur, et, sans habit.
Que faire?

AGÉNOR.

Dame! il fallut vous rendre!
Oui, vous rendre...

MADAME BÉNÉVENT.

Me rendre! Et mon mari, jeune homme!..

BÉNÉVENT, *entrant par le fond, à part.*

Ensemble! Qu'entends-je!

MADAME BÉNÉVENT.

La porte de ma chambre s'ouvre tout à coup, j'aperçois une espèce de sauvage, six pieds de haut, des moustaches et une lance!..

BÉNÉVENT, *à part.*

Qu'est-ce qu'elle raconte là?

MADAME BÉNÉVENT.

Ce Tartare répandait autour de lui une odeur...

AGÉNOR.

Je la connais.

MADAME BÉNÉVENT.

Il s'avance vers moi... je le repousse... une lutte s'engage...

AGÉNOR.

Eh bien?..

MADAME BÉNÉVENT.

Que vous dirai-je? mes faibles forces...

BÉNÉVENT, *qui s'est approché de la chambre de droite, à part.*

Mon sang se fige!

MADAME BÉNÉVENT, *l'apercevant.*

Ciel! Timothée!..

AGÉNOR, *apercevant aussi Bénévent, à part.*

Le mari!.. oh!..

MADAME BÉNÉVENT, *à Agénor, bas.*

Chut!

AGÉNOR.

Allons... je vois votre affaire.

MADAME BÉNÉVENT, *reprenant.*

Mes faibles forces se ranimèrent... je chassai ce barbare, et mon pavillon triompha.

AGÉNOR.

Tiens! je croyais...

BÉNÉVENT, *à part.*

Ah! ça va mieux... mais j'ai besoin de prendre un bouillon... *(Il se glisse dans le cabinet de droite.)*

AGÉNOR.

Pauvre femme! vous avez dû être bien contrariée!

MADAME BÉNÉVENT.

Puis-je compter sur votre discrétion?

AGÉNOR.

Puis-je compter sur votre reconnaissance?

MADAME BÉNÉVENT.

[illegible]

MADAME BÉNÉVENT.
Alors, pour mon lot, je conserve,
Je veles.
Soyez discret.

AGÉNOR.
Je suis muet !...
Je vous garantis le secret.
(*Madame Bénévent sort à gauche.*)

AGÉNOR.
Et d'une !

~~~~~~

SCÈNE XIV.
AGÉNOR, *puis* MADAME RABY.

AGÉNOR, *seul.*

Comme ces Cosaques sont avantageux ! Crapouth m'avait dit que c'était une jeune fille... cra-
queur de Crapouth, va !

MADAME RABY, *entrant par le fond.*

Il est seul, il me faut à tout prix une explica-
tion.

AGÉNOR, *se retournant.*

La co-propriétaire !...

MADAME RABY.

Je vois que vous m'attendiez... c'est bien...
nous avons à causer.

AGÉNOR.

A vos ordres, Madame... (*A part.*) Cette fois-
nous allons terminer la vente.

MADAME RABY.

Voyons... que penseriez-vous d'un homme
qui dans un bal, vis-à-vis d'une femme, ne
craignit pas de recourir à la menace ?...

AGÉNOR.

Comment ?

MADAME RABY.

Je ne sais quoi d'impudence... de légèreté...
(*Elle se trouble.*)

AGÉNOR, *à part.*

S'il s'agissait de la remercier aussi ses compa-
gnes ?...

MADAME RABY.

Mais pouvais-je prévoir un lâche.... Oui,
Monsieur, un lâche !

AGÉNOR.

Oui, Madame, un lâche !

MADAME RABY.

Et quel nom donner à celui qui abuse de la
position d'une femme... pour exiger! Ah!
Monsieur !

AGÉNOR.

Pardon !... de quoi parlons-nous ?

MADAME RABY.

Eh! du bal de l'Opéra, Monsieur!

AGÉNOR, *tressaillant.*

Si j'ai enlevé !... loin du bal...

MADAME RABY.

Je comprends tout; en passant près d'une... de
cette femme...

AGÉNOR, *très désolé.*

Pénible ! Oh !... (*Changeant de ton.*) Eh bien !
franchement je ne m'amuse pas.

MADAME RABY.

J'en suis vraiment fâchée... Ah! bonjour, vos
mesures étaient parfaitement prises et votre tra-
vestissement bien choisi.

AGÉNOR.

Mon travesti... pardon, de quoi parlons-nous ?

MADAME RABY.

Eh! Monsieur, du moine de l'Opéra.

AGÉNOR.

Du moine... Attendez donc... ça rentre dans
mon histoire !... J'y étais en bourgeois... avec un
nez de carton.

MADAME RABY.

Comment! Mais alors cet étranger, cet ami sous
la protection duquel... c'était...

AGÉNOR.

Moi !... Vous êtes mon domino... mon bichon!..
Voilà mon bichon !

MADAME RABY.

Ah! Monsieur... ce moi qui vous accusais !...

AGÉNOR.

Ah! Madame... et moi qui vous soupçonnais !...

MADAME RABY.

De quoi donc ?

AGÉNOR.

Mais de vouloir souper... je me disais : Voilà
une gaillarde qui veut souper... pardon !

MADAME RABY.

Mais, cet homme qui me poursuivait... Quel
est-il ?

AGÉNOR.

Vous ne le connaissez donc pas ?

MADAME RABY.

Nullement.

AGÉNOR.

Ah! mais, sapristi ! Il m'a insulté.

MADAME RABY.

Que vous a-t-il dit ?

AGÉNOR.

Des choses fort malhonnêtes... (*Jouant la
scène.*) « Monsieur! je vous couperai les oreilles !... Monsieur !... Vous en êtes un autre !...
Monsieur !!! Monsieur !!! » Et il m'a remis sa
carte ; et je ne l'ai pas revu.

MADAME RABY.

Sa carte ?

AGÉNOR.

Illustre... trois mesures... et un certain
de... je ne sais où...

MADAME RABY.

Où est-elle ?

AGÉNOR.

Ah! je ne l'ai plus... c'est là le diable.

MADAME RABY.
~~~~~~

AGÉNOR.

Comment ça?

MADAME BABY.

Mais votre réputation de séducteur...

AGÉNOR.

Moi séducteur! Oh! Dieu!... Madame... j'ai quarante-quatre ans, je suis chimiste... Eh bien! ma parole d'honneur, vous êtes ma seul aventure!

MADAME BABY, *riant.*

Vraiment. (*A part.*) Il y a erreur.

AGÉNOR.

Air de ......

La femme, hélas! celle est ma monarchie,
Ne fut jamais pour moi qu'un objet d'art;
Sur qui l'on peut, honteux qui mal y pense)
Jeter de loin un timide regard.
D'en approcher je n'ai pas l'imprudence,
Ce n'est pour moi qu'un tableau plein d'appas,
Portant ces mots, graves par la décence:
« Regardez, mais ne touchez pas (*bis*). »

Qu'est-ce que vous voulez! moi... je ne peux pas être aimable.

MADAME BABY, *sérieusement.*

Alors il faut vous marier.

AGÉNOR.

J'y ai songé... mais faire la cour... dire des choses... gracieuses... c'est plus fort que moi... il faut que je me fâche, que je me mette en colère... et un jour que je serai... mais là... furieux...

MADAME BABY, *vivement.*

Vous vous marierez?

AGÉNOR.

Voilà.

MADAME BABY.

Tenez, monsieur Agénor, vous êtes un bien bonnête homme!

AGÉNOR, *à part.*

Quel regard!.. si je renouais... (*Haut.*) Voyons, Madame... un bon mouvement... Vendez-moi votre immeuble?

MADAME BABY, *avec douceur.*

Volontiers, monsieur Agénor.

AGÉNOR.

Quand?

MADAME BABY, *de même.*

Tout de suite!

AGÉNOR.

Ah! Madame, vous êtes la plus aimable... la plus aimable... la plus... la plus... en proportion!
Il lui baise la main.

AGÉNOR.

Voici, si ......
MADAME ......
Que vous ......
inégale...

Numéro B. C. A.

AGÉNOR, *toujours à genoux.*

Nous sommes en affaires!

CHAPUIS, *le relevant et se posant.*

Monsieur! je vous couperai les oreilles!

AGÉNOR, *à part.*

Lui aussi! (*Se posant aussi.*) Monsieur! vous en êtes un autre!

CHAPUIS.

Monsieur!

AGÉNOR.

Monsieur!

CHAPUIS.

Voici ma carte.

AGÉNOR, *la prenant.*

Hein? (*Il la regarde.*) Juste!.. trois ......

MADAME BABY.

Comment?

AGÉNOR, *la donnant à madame Baby.*

Sur une couronne de... je ne sais quoi...

CHAPUIS, *à madame Baby.*

Et vous, Madame, après la promesse...

MADAME BABY.

Ah!... eh bien ... j'apprends à vous connaître... je ne serai jamais votre femme!..

****

SCÈNE XVI.
AGÉNOR, CHAPUIS, MADAME BABY, BÉNÉVENT, MADAME BÉNÉVENT.

BÉNÉVENT.

Quel est ce bruit?

MADAME BÉNÉVENT.

Qu'y a-t-il?

CHAPUIS.

Il y a que je viens de trouver Monsieur aux genoux de Madame.

BÉNÉVENT.

Est-il possible!

MADAME BÉNÉVENT.

Ma fille!

AGÉNOR.

Permettez... j'y étais pour un contrat...

BÉNÉVENT, *à Agénor.*

Taisez-vous!

AGÉNOR, *continuant avec colère.*

Synallagmatique!

BÉNÉVENT.

Monsieur! je vous tiens pour un contrat de ...... !

AGÉNOR.

Mais quand je vous...

BÉNÉVENT.

...... vous tiens!

......

BÉNÉVENT.

...... je ne vais ......

...... B. C. A.

comme père, de vous demander une réparation.

AGÉNOR.

Soit... je la refuse...

BÉNÉVENT.

Si j'avais affaire à un galant homme, la seule possible serait un mariage.

MADAME RABY, *à part.*

Un mariage !

BÉNÉVENT.

Mais Monsieur n'épouse pas, c'est connu...

AGÉNOR.

Je n'épouse pas? et pourquoi donc ça?

BÉNÉVENT.

Parce que vous n'épousez pas!

AGÉNOR, *se montant.*

Je vous dis que j'épouse !

BÉNÉVENT.

Je vous dis que non !

AGÉNOR.

Je vous dis que si ! (*A part.*) Oh! mais il m'exaspère, ce vieux!.. Ah! je n'épouse pas!.. (*A Bénévent, avec colère.*) Monsieur, je vous demande la main de votre fille !

BÉNÉVENT.

Où sont vos gants ?

AGÉNOR.

Dans ma poche.

BÉNÉVENT.

Voyons-les !..

AGÉNOR, *les montrant.*

Les voici...

BÉNÉVENT, *avec colère.*

Je vous l'accorde, Monsieur !

AGÉNOR, *de même.*

Merci, Monsieur !

MADAME RABY, *riant.*

Permettez!.. il serait à propos de me consulter...

AGÉNOR.

C'est juste. (*Brusquement.*) Madame, je suis furieux!.. je vous aime, je vous adore, et je demande à vous épouser !

MADAME RABY, *l'imitant.*

Monsieur, je ne vous aime pas, je ne vous adore pas, mais je vous épouse.

AGÉNOR, *étonné.*

Tiens! me voilà marié !

CHAPUIS.

Soit,.. mais avant je me donnerai le plaisir de vous faire coffrer... Connaissez-vous ces billets?

AGÉNOR, *regardant.*

L'écriture d'Anténor!.. oh! le petit gueux !

TOUS.

Anténor!

AGÉNOR.

Un frère qui demeure avec moi,.. et qui enlève toutes les femmes.

BÉNÉVENT.

Qu'est-ce qu'il fait?

AGÉNOR.

Lui!.. il est dans l'instruction publique.

BÉNÉVENT.

Alors tout s'explique... Je le vois, maintenant, nous vous avions méconnu... Monsieur, je remets l'écriteau.

AGÉNOR.

Monsieur, j'ôte mon paletot.

BÉNÉVENT.

Mais dites-moi donc pourquoi vous teniez tant à acquérir cette propriété ?...

AGÉNOR.

J'en avais besoin pour une découverte que j'ai faite... J'ai pris un brevet pour cultiver...

BÉNÉVENT.

Quoi?

AGÉNOR, *se ravisant.*

Des navets.

BÉNÉVENT.

Ah ça! nous ferons la noce ici... Vous inviterez vos amis... M. Oscar...

AGÉNOR.

Soyez tranquille... il sera du repas.

MADAME BÉNÉVENT.

Mais puisqu'il est ici, je vais l'inviter à dîner... Pierre !

AGÉNOR.

Je ne vous le conseille pas.

MADAME BÉNÉVENT.

Il est cérémonieux?

AGÉNOR.

Oh! non!

MADAME RABY.

Mais enfin, qu'est-ce que c'est que M. Oscar?

AGÉNOR.

Vous voulez le savoir, eh bien! c'est un.... ami que j'engraisse pour en faire du boudin.

TOUS.

Ah !

CHŒUR.

Air de *Lorsque le soir dans la plaine.*

AGÉNOR.

Je comprends enfin leurs mystères;
On me croyait un séducteur;
Pour les chimistes, mes confrères,
Je puis dire que c'est flatteur.

MADAME RABY.

Je comprends enfin ce mystère;
Lui, qu'on croyait un séducteur,
Bon époux, bon fils et bon père,
Je lui devrai tout mon bonheur.

CHAPUIS.

Je comprends enfin ce mystère.
Lui, qu'on croyait un séducteur,
C'est un homme très-ordinaire
Et je lui dois tout mon malheur.

M. ET MADAME BÉNÉVENT.

Je comprends enfin ce mystère;
Lui, qu'on croyait un séducteur,
Bon époux, bon fils et bon père,
Nous lui devrons notre bonheur.

PARIS. — Imprimerie Dubuisson et VINCENT.

www.ingramcontent.com/pod-product-compliance
Lightning Source LLC
Chambersburg PA
CBHW050226070726

47598CB00018B/1921